かぎ針で編む
おとなのカーディガン、ボレロ、ジレ

minao

2

はじめに

スタイリッシュで
羽織って自慢したくなる。

技法に凝り過ぎない
シンプルな編み方。

ずっと温めていたそんなかぎ針編みのご提案を
この本に詰め込みました。

この作品たちが、あなたのワードローブの一つに
してもらえたら幸せです。

minao（横田美奈）

もくじ

はじめに　P.3

A　パステルカラーの三角ストール　P.6-7（P.38）

B　綺麗色のコットンマーガレット　P.8（P.40）

C　スパンコールのロングスリーブマーガレット　P.9（P.44）

D　レーシーなつけ襟　P.10（P.46）

E　ガーリーなつけ襟　P.11（P.48）

F　ロングジレ　P.12-13（P.50）

G　カラフルなロングカーデ　P.14（P.53）

H　グレーウールのロングカーデ　P.15（P.53）

I　モヘアの丸いジレ　P.16-17（P.55）

J　カラフルマーガレット　P.18（P.57）

K　パイナップル編みのふんわりショール　P.19（P.60）

L　アフガンクロッシェのポンチョ　P.20-21（P.62）

M　アフガンクロッシェのケープ　P.22-23（P.64）

N　トーンオントーンのツールケース　P.24（P.66）

O　コットンプーリングのグラスケース　P.25（P.68）

P　お花のコサージュ　P.26（P.70）

Q　木の実のブローチ　P.27（P.72）

R　カラフルなラリエット　P.28（P.74）

S　パールのラリエット　P.29（P.74）

T　コットンプーリングの巾着　P.30（P.76）

U　パーティーバッグ　P.31（P.78）

本書で使うかぎ針編みの編み記号　P.34

かぎ針編みの基本　P.37

※（　）内は HOW TO MAKE

A / パステルカラーの三角ストール

爽やかな色合いのコットン感覚のストール。
巻いても羽織ってもOK。
HOW TO MAKE ... P.38

B/ 綺麗色のコットンマーガレット

ワンピースにもパンツにも合う
ショート丈のマーガレットは、
アクセサリー感覚で着こなして。
HOW TO MAKE ... P.40

C / スパンコールのロングスリーブマーガレット

ふんだんに使われるスパンコールが贅沢。
ラフにもおしゃれ着にも合わせられる。
HOW TO MAKE ... P.44

濃紺のレースは、
キチッと感が出て締まります。
ビンテージのボタンをアクセントに。
HOW TO MAKE ... P.46

D/ レーシーなつけ襟

元気カラーで編んで!
普段着でもワンランク上のトップスアレンジ。
HOW TO MAKE ... P.48

E / ガーリーなつけ襟

F / ロングジレ

3シーズン使えるコットン50%＋ウール50%素材の
すっきりしたデザイン。増減なしの真っすぐ編みで簡単！
細見せ効果抜群の優れもの。
HOW TO MAKE ... P.50

すっぽり包んでくれる
安心感のあるデザイン。
腰まであるので、とてもあったか。
HOW TO MAKE ... P.53

G/ カラフルな ロングカーデ

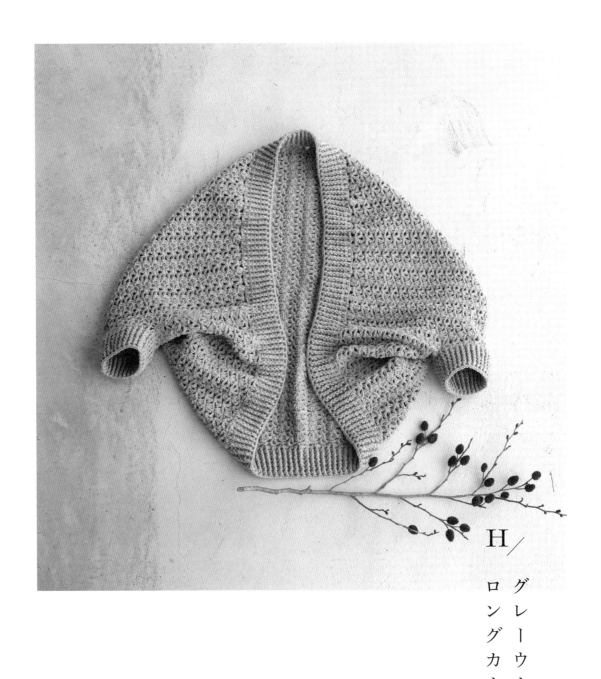

H／グレーウールのロングカーデ

Gと同じ編み図でも使う糸でこんなに変わる！
モノトーンにすると、
シャツなどに合わせやすい。
HOW TO MAKE … P.53

I / モヘアの丸いジレ

モヘアのふんわりした糸で、
背中の真ん中からぐるぐる編む
かわいいデザイン。
HOW TO MAKE … P.55

J / カラフルマーガレット

Bのコットンマーガレットをウールの段染めで編むと、
表情がガラッと変わります。
マニッシュにも着こなせそう。
HOW TO MAKE ... P.57

K / パイナップル編みのふんわりショール

深みのあるボルドー色が、
キリッと締めてくれる大判ショール。
超軽量極太糸をパイナップル編みで編んでふんわりと。
HOW TO MAKE ... P.60

L / アフガンクロッシェのポンチョ

軽くて編みやすい段染め糸でサクサク編める。
寒い季節にはヒップスカートにも使えます。
HOW TO MAKE ... P.62

アフガン編みのブロック模様がなんともかわいい。
丸いモチーフとのコントラストを楽しめます。
HOW TO MAKE ... P.64

M / アフガンクロッシェのケープ

N / トーンオントーンの ツールケース

チェック柄を楽しむプランドプーリング編み。
編み針や化粧品を入れるのにぴったり。
HOW TO MAKE ... P.66

O / コットンプーリングのグラスケース

一定のパターンで色が変わる糸1本で、
ストライプ模様が編める。
貝ボタンでおしゃれに。
HOW TO MAKE ... P.68

P / お花のコサージュ

モード系の色合いは、さりげないワンポイント。
バッグや帽子のアクセントにも。
HOW TO MAKE ... P.70

レース糸で編んだブローチで、
上品にストールをまとめて。
HOW TO MAKE ... P.72

Q/ 木の実のブローチ

R / カラフルなラリエット

ブラウスでは肌寒いかな、
そんな季節に合いそうなラリエット。
HOW TO MAKE ... P.74

S/ パールのラリエット

パールを編み込んだレースのラリエット。
おしゃれしてお出かけというときの1アイテム。
HOW TO MAKE ... P.74

鮮やかなストライプ柄に編み上がるミックスの糸。
編み目がかわいい玉編みで。
HOW TO MAKE ... P.76

T／コットンプーリングの巾着

U / パーティーバッグ

エコファーを編んだら表布につけて、
がま口バッグのベースに貼るだけ！
かっちりタイプでパーティーを楽しんで。
HOW TO MAKE … P.78

HOW TO MAKE

どの作品も、なるべく簡単に編めるよう考えました。
ぜひ、お気に入りの糸で編んでみてください。

本書で使うかぎ針編みの編み記号

◯ ［鎖編み］

1

糸端を少し残して左手にかけ、針先で矢印のようにすくって輪を作る。

2

糸が交差した部分を押さえながら、針先に糸をかけて引き出す。

3

糸端を引っ張る。これは1目には数えない。

4

針先に糸をかけ、輪の中に引き抜く。

5

1目編めたところ。

× ［細編み］　※立ち上がりは鎖1目で、目数には数えない。

1

鎖1目で立ち上がり、作り目の1目め裏山をすくう。

2

針先に糸をかけて引き出す。

3

針先に糸をかけ、針にかかっている2つのループを一度に引き抜く。

4

1目編めたところ。1〜3を繰り返す。

T ［中長編み］　※立ち上がりは鎖2目で目数に数える。

1

鎖2目で立ち上がり、針先に糸をかけて作り目の2目めをすくう。

2

針先に糸をかけて引き出す。

3

針先に糸をかけて、針にかかっている3つのループを一度に引き抜く。

4

1目編めたところ。1〜3を繰り返す。

［長編み］　※立ち上がりは3目で目数に数える。

1

鎖3目で立ち上がり、針先に糸をかけて作り目の2目めをすくう。

2

針先に糸をかけて、1段の高さの半分くらいまで糸を引き出す。

3

針先に糸をかけて2つのループを一度に引き抜く。

4

針先に糸をかけて、針にかかっている2つのループを一度に引き抜く。

5

1目編めたところ。1〜4を繰り返す。

［長々編み］　※細編みの4倍の長さ。立ち上がりは4目で目数に数える。

1

鎖4目で立ち上がり、針先に糸を2回巻きつけてから作り目の2目めをすくう。

2

針先に糸をかけて1段の高さの1/3くらいまで糸を引き出し、針先に糸をかけて2つのループを引き抜く。

3

1段の高さの2/3くらいまで糸を引き出し、針先に糸をかけて2つのループを一度に引き抜く。

4

1段の高さまで引き出し、針先に糸をかけて2つのループを引き抜く。

5

1目編めたところ。1〜4を繰り返して編む。

[長編み3目の玉編み] ※長編み2目の玉編みも同様。

1 鎖3目で立ち上がり、鎖をもう1目編む。作り目の2目めに針を入れる。

2 針に糸をかけ、未完成の長編みを編む。

3 針に糸をかけ、同じ目に未完成の長編み2目め、3目めを編む。

4 針先に糸をかけ、針にかかっているループを引き抜く。

5 1目編んだところ。

[長編みの表引き上げ編み]

1 針に糸をかけ、手前から前段の目の足全体をすくうように針を入れる。

2 針に糸をかけて長めに引き出す。

3 針に糸をかけて2つのループを一度に引き抜く。

4 針に糸をかけて2つのループを一度に引き抜く。

5 1目編めたところ。

[長編みの裏引き上げ編み]

1 針に糸をかけて、向こう側から前段の目の足をすくうように（矢印のように）針を入れ糸を引き出す。

2 針に糸をかけて長めに引き出し、針に糸をかけて2つのループを一度に引き抜く。

3 針に糸をかけて2つのループを一度に引き抜く。

4 1目編めたところ。

 [鎖3目のピコット] （細編みに編みつける場合）

1 鎖3目を編み、針を細編みの頭半目と足の1本に入れる。

2 針に糸をかけて一度に引き抜く。

3 鎖3目のピコットが1つ編めたところ。

 [鎖3目のピコット] （長編みに編みつける場合）

1 鎖3目を編み、長編みの頭半目と足の糸1本をすくう。

2 針に糸をかけ、きつめに一度に引き抜く。

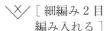

[細編み2目編み入れる]

細編み1目編んだら、同じ目にもう一度編む。

[細編み2目一度]

未完成の細編みを2目編み、針先に糸をかけて3つのループを一度に引き抜く。

 [束に編む場合の記号] 長編み3目の玉編みを束に編む ※長編み2目の玉編みも同様。

底が開いている記号は束に編む。前段の鎖編みを束に拾い、未完成の長編み3目（2目）を編み、針先に糸をかけ、針にかかっているループを引き抜く。

[引き抜き編み]

針を入れ、糸をかけて引き出す。

アフガン編み

○ 針の持ち方

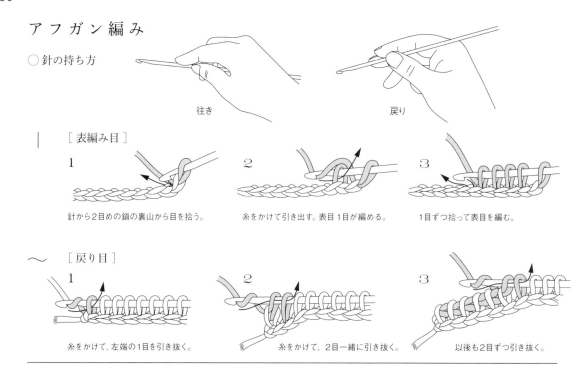

スレッドコード編み

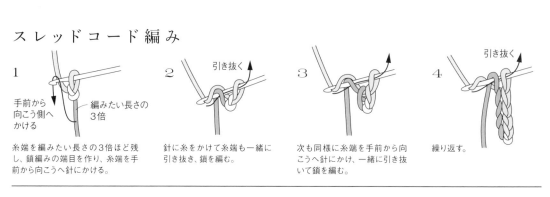

とじハギの仕方

[鎖引き抜きとじ]

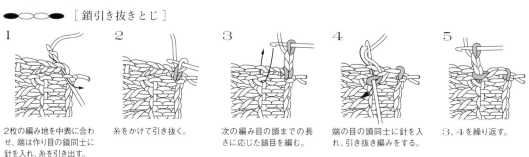

37

かぎ針編みの基本

○ 糸の出し方　　○ 糸のかけ方

内側から糸端を出して使います。

1　糸端を右手に持ち、左手の小指と薬指の間から糸を出し、人さし指にかけます。

2　左手の親指と中指で糸端を持ちます。針は右手の親指と人さし指で持ち、中指を軽く添えます。

○ わの作り目

1　指2本に糸を巻きます。

2　巻いた糸に針を入れます。

3　下から針に糸をかけます。

4　かけた糸を引き出します。その後、必要な目数を編みます。

5　必要な目数を編んだら、左手で編み終わりを押さえて、外側の糸を引き、内と外の糸を確認します。

6　内側の輪を引き締めます。

7　糸端を持って外側の輪を引き締めます。

8　1目めの頭に針を入れます。

9　引き抜きます。

A / パステルカラーの三角ストール
PHOTO … P.6-7

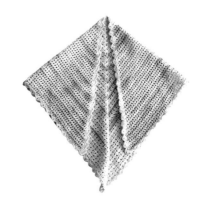

〈使用糸〉
ナイフメーラ #654 または #651 … 170g
〈使用針〉
かぎ針5/0号
〈ゲージ〉25目×11段

〈編み方〉
1 三角の長い辺の中心から編み始める。
2 各段両脇と中心で増やし目をしながら40段編む。
3 続けて縁編みを1段編む。

〈寸法図〉

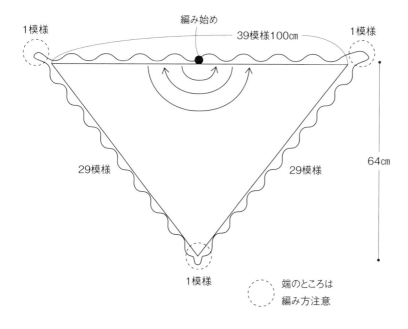

〈編み図〉

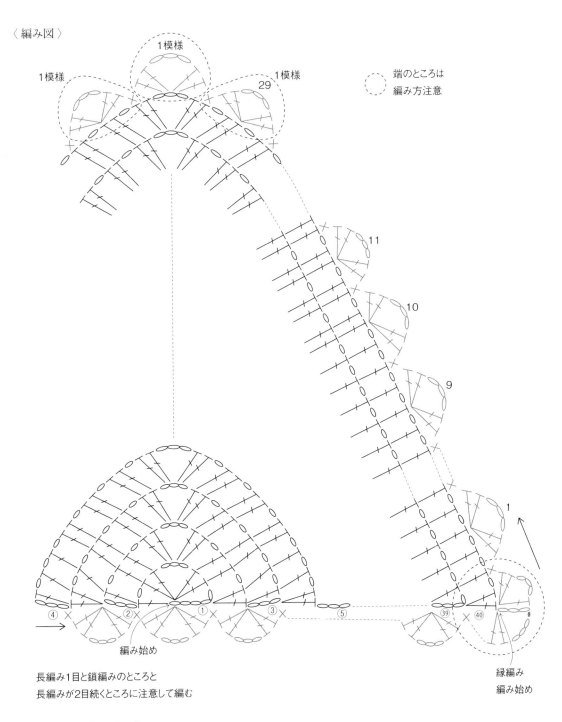

長編み1目と鎖編みのところと
長編みが2目続くところに注意して編む

センターの長編み4目は束で
それ以外は、目を拾って編む

B／綺麗色のコットンマーガレット
PHOTO … P.8

〈使用糸〉
スモーキー#5 … 225g(9玉)
〈使用針〉
かぎ針5/0号
〈着丈〉45cm 〈袖丈〉50cm
〈1模様〉幅9.0cm 高さ5.1cm

〈編み方〉
1 身頃を編む。
2 ★と★、☆と☆を鎖引き抜きとじでつなぐ。
3 襟、裾を編む。襟から拾い始め、続けてぐるりと裾も拾う。
4 袖の縁編みをする。

〈寸法図〉

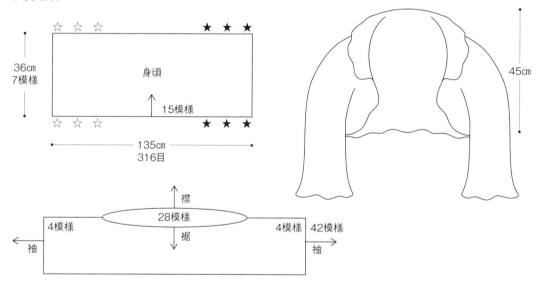

〈編み図〉

◎ 身頃のつなぎ方（袖下）

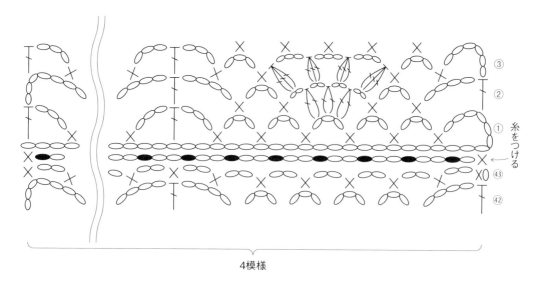

◎ 襟の拾い方　縁編み

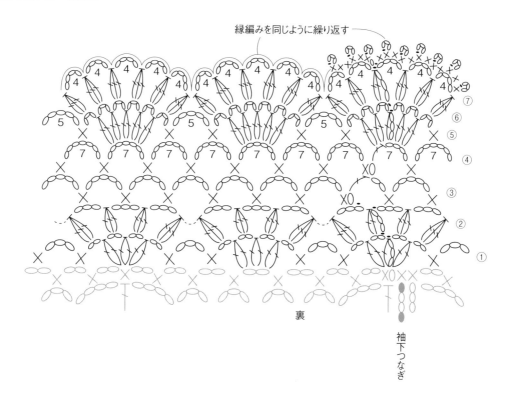

◎ 袖の縁編み

縁編み43模様

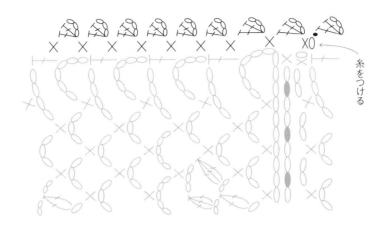

糸をつける

◎ 裾の拾い方

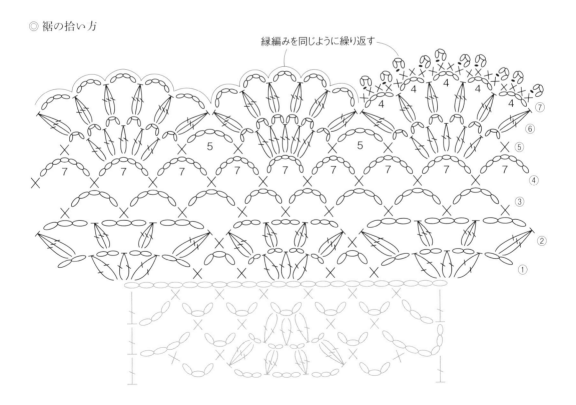

縁編みを同じように繰り返す

C / スパンコールのロングスリーブマーガレット
PHOTO ... P.9

〈使用糸〉
ソフトスパンコットンゴールド #1096 … 136g（6玉）
〈使用針〉
かぎ針4/0号
〈着丈〉45cm　〈袖丈〉60cm

〈編み方〉
1　身頃を編む
　　スレッドコード編み126目より、
　　身頃Aと身頃Bをそれぞれ拾って編む。
　　★と★、☆と☆を鎖引き抜きとじでつなぐ。
2　襟、裾を編む
　　襟中心から拾い始め、続けてぐるりと裾も拾う。
3　袖を編む
　　身頃のとじ部分から拾い始め、縁編みをする。

〈寸法図〉

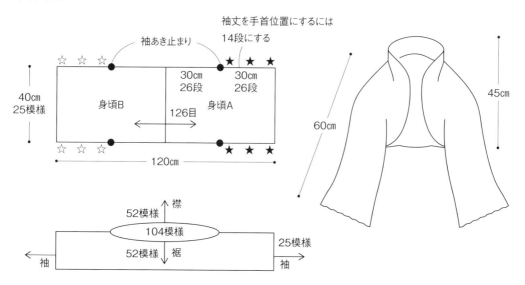

〈編み図〉

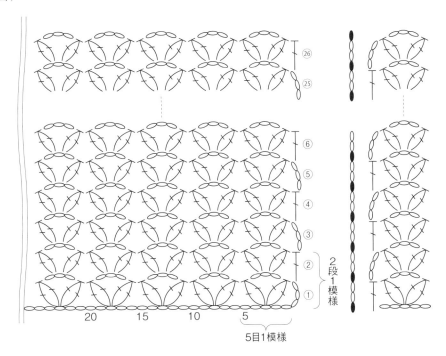

◎ 襟・裾の拾い方

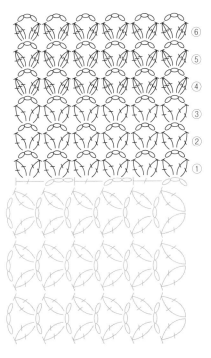

◎ 袖の拾い方

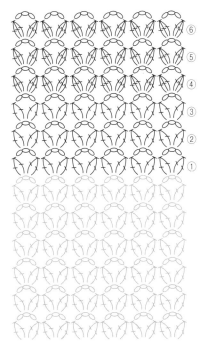

D / レーシーなつけ襟
PHOTO … P.10

〈使用糸〉
カブレ #0066 … 91g
〈使用針〉
かぎ針3/0号
〈副資材〉
ボタン 直径15㎜ …1個

〈編み方〉
1 鎖編みの作り目（119目）から、
　図のように模様編みを14段まで編む。
2 続けて縁編みを1段編む。
3 右前で縁編みでボタンループを作る。
4 ボタンをつける。

〈寸法図〉

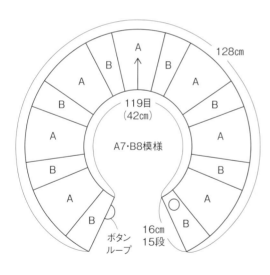

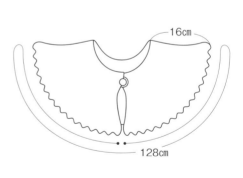

〈編み図〉

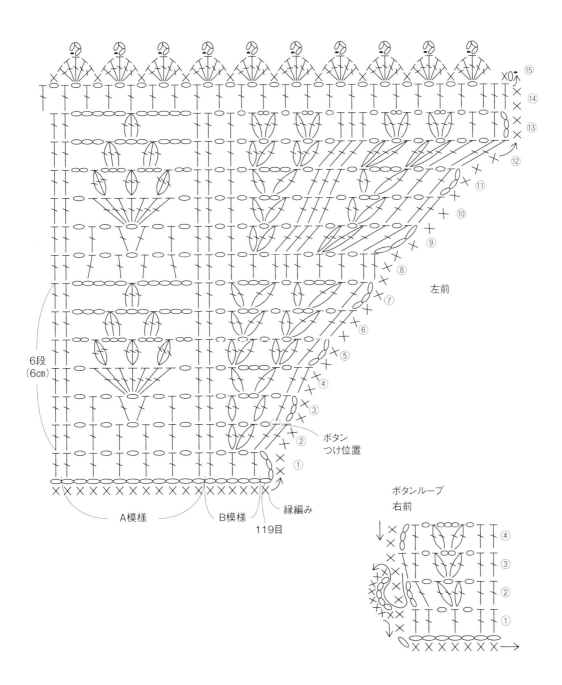

E / ガーリーなつけ襟
PHOTO … P.11

〈使用糸〉
アンタレス #09 … 65g
〈使用針〉
かぎ針4/0号
〈でき上がり〉
10×150cm

〈編み方〉※糸は1本取りで編む
1 109目の作り目より9模様、図のとおり16段まで編む。
2 続けて縁編みを1段編む。
3 スレッドコード編みのひもを通す。

〈寸法図〉

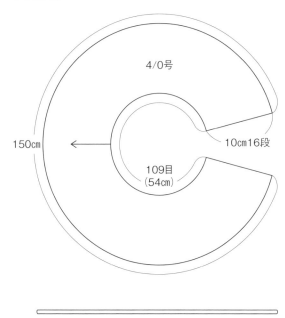

スレッドコード85cm1本

〈編み図〉

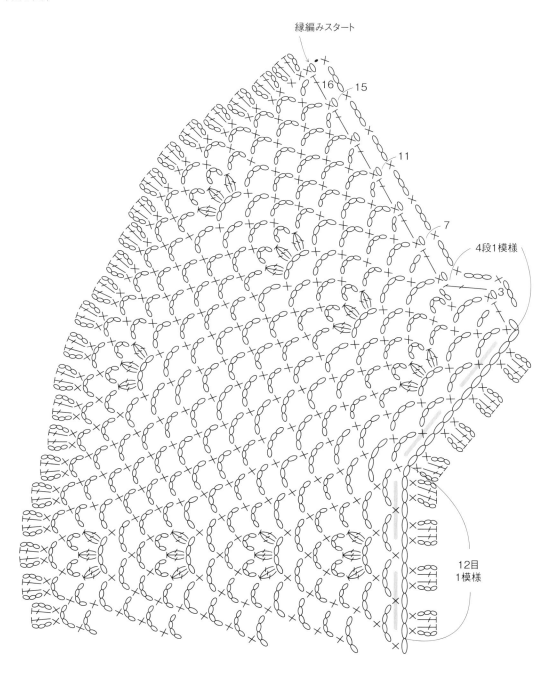

ひも通し位置

F / ロングジレ
PHOTO … P.12-13

〈使用糸〉
アンタレス #2 … 511g(11玉)
〈使用針〉かぎ針4/0号
〈着丈〉72cm
〈副資材〉
ボタン 直径3cm … 2個

〈編み方〉

1 襟と前身頃を編む
   スレッドコード編み39目より左前身頃を図のとおり編む。
   さらに、同じコードから右前身頃を編む。
2 後ろ身頃を編む
   左右の前身頃より129目拾い目をしながら図のとおり編む。
3 脇を編む
   左右の脇をそれぞれ編み、左右身頃、後ろ身頃に
   鎖2目の鎖引き抜きとじでつける。
4 縁編み
   右前身頃から始める。
   右前身頃(ボタンループ)→襟→左前身頃→裾の順で編む。
   袖まわりを左右同様の拾い方で縁編みする。
5 ボタンをつける

〈寸法図〉

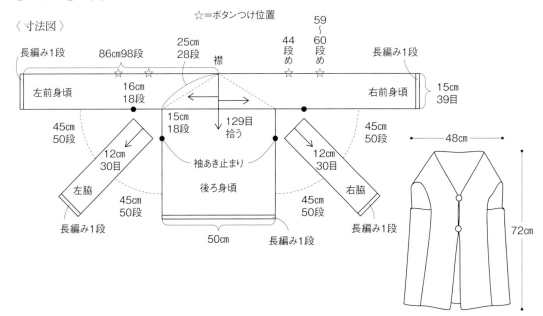

〈編み図〉

◎ 身頃模様編み

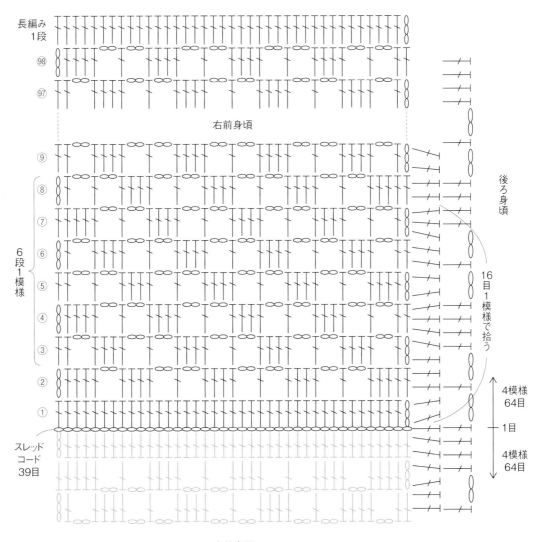

後ろ身頃の拾い方

左前身頃の28段めから
スレッドコードを中心に
対称になるよう129目拾う

68段まで模様編みで編み、
69段めを長編みで編む

◎ 右脇　左脇は模様を対称に

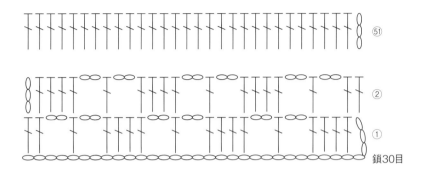

◎ 縁の編み方

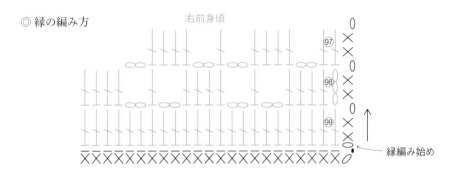

◎ ボタンループの編み方

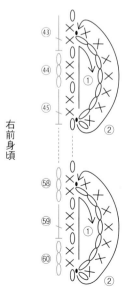

G / カラフルなロングカーデ
PHOTO ... P.14

H / グレーウールのロングカーデ
PHOTO ... P.15

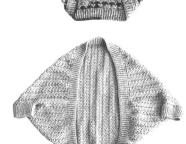

〈使用糸〉
G カラフル
エブリディカラフル #321 … 480g（5玉）
H グレーウール
ブランド #118 … 515g（13玉）

〈使用針〉
かぎ針6/0号

〈着丈〉68cm　〈袖丈〉45cm

〈編み方〉
1　身頃を編む
　　鎖編みの作り目（217目）より図のように編む。
　　横半分に折って、脇をはぐ。
　　中表にして★と★、☆と☆を鎖3目の鎖引き抜きとじでつなぐ。
2　襟、裾を編む
　　左脇から拾い始め、ぐるりと襟と裾を拾う。
3　袖を編む
　　袖あきから拾う。

〈寸法図〉

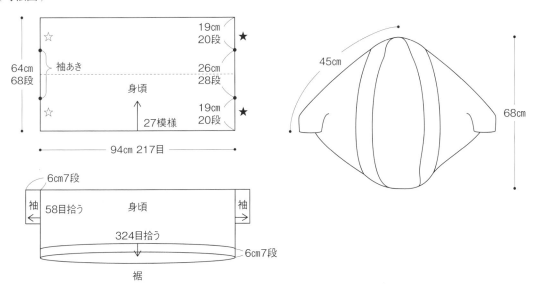

〈編み図〉

◎身頃模様編み

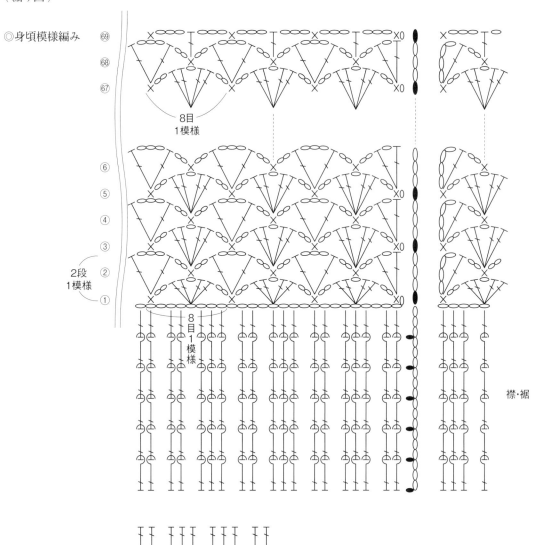

襟・裾

◎ 袖の拾い方

袖

$\mathbf{\ddagger}$ =長編みの表引き上げ編み

$\mathbf{\ddagger}$ =長編みの裏引き上げ編み

I / モヘアの丸いジレ
PHOTO ... P.16-17

〈使用糸〉
レインボーウィンタームリネ #509 … 142g

〈使用針〉
かぎ針8/0号

〈着丈〉60cm

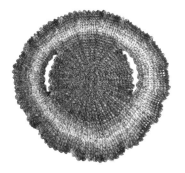

〈編み方〉
1 わにする作り目で編み始める。
2 増やし目をしながら14段めまで編む。
3 15段めで鎖編み30目で左右の袖穴を作る。
4 16段めで鎖も拾い、24段まで編む。
5 縁編みを1段編む。
6 袖口の拾い方を参考に、1段拾って編む。

〈寸法図〉

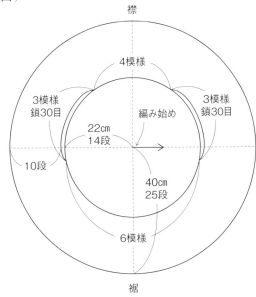

〈編み図〉

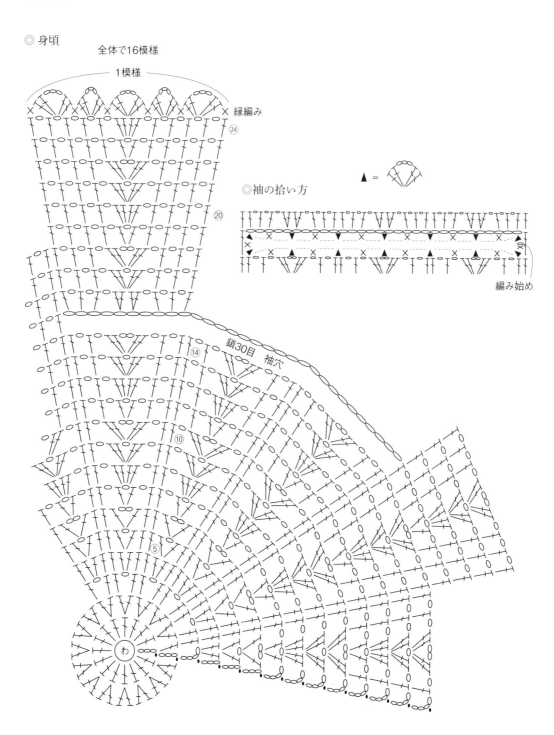

J／カラフルマーガレット
PHOTO … P.18

〈使用糸〉
ウールボックスレインボー #804 … 213g(6玉)
〈使用針〉
かぎ針5/0号
〈着丈〉35cm 〈袖丈〉50cm

〈編み方〉
1 身頃を編む
  鎖編みの作り目(358目)より図のように編む。
  ★と★、☆と☆を鎖引き抜きとじでつなぐ。
2 襟、裾を編む
  襟から拾い始め、続けてぐるりと裾も拾う。
3 袖の縁編みをする。

〈寸法図〉

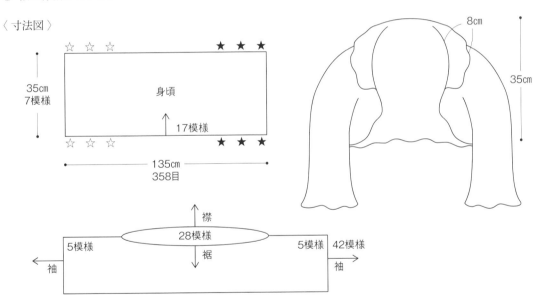

〈編み図〉

◎ 身頃模様編み

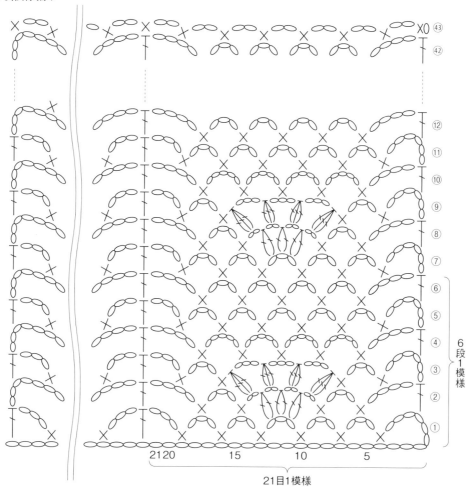

◎ 身頃のつなぎ方（袖下）

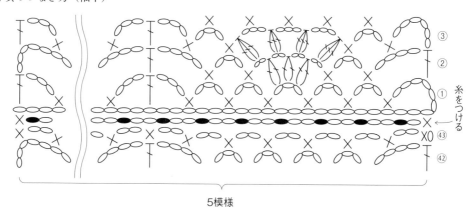

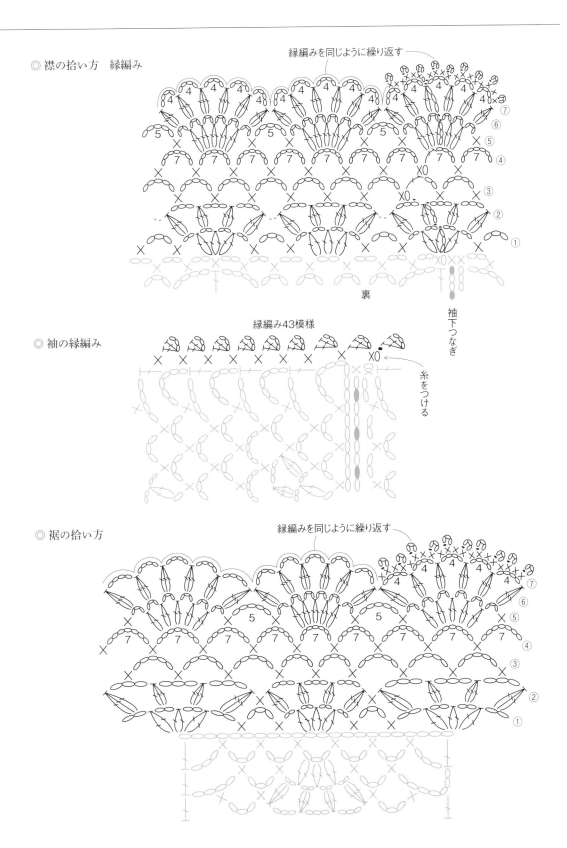

K / パイナップル編みのふんわりショール
PHOTO ... P.19

〈使用糸〉
エブリディニューツイード #117紫 … 265g

〈使用針〉
かぎ針8/0号

〈編み方〉
1 鎖編みの作り目(193目)より、図のとおりに12模様編む。
2 36段まで編んだら、続けて縁編みする。

〈寸法図〉

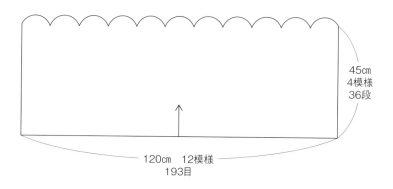

〈編み図〉

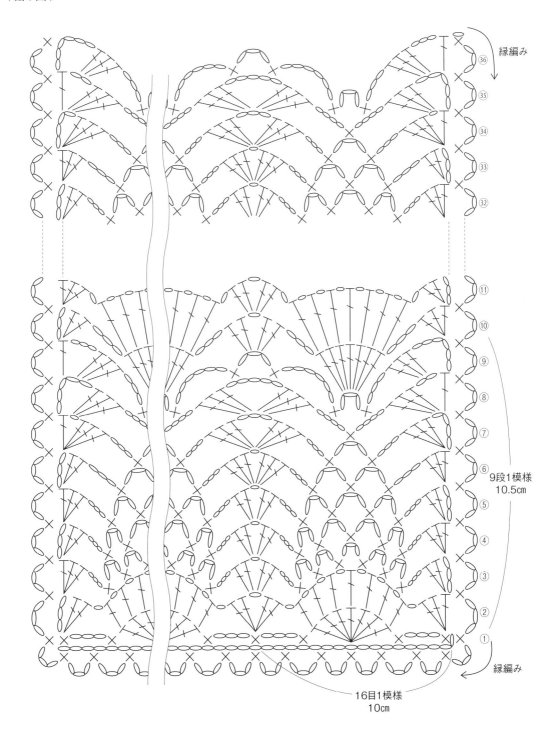

L／アフガンクロッシェのポンチョ
PHOTO … P.20-21

〈使用糸〉
エリーザ #7406 … 170g(4玉)

〈使用針〉
かぎ針 10/0号

〈編み方〉※裾側から編む
1　鎖+長編みで作り目(25模様)2段めを編んだら輪にする。
2　6段ごとに減らし目をしながら20段まで編む。
3　スレッドコードを100cm編み、ひも通し位置に通す。

〈寸法図〉

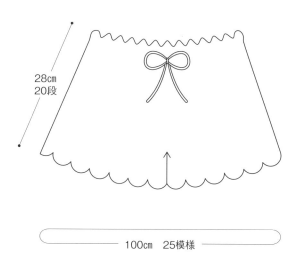

28cm
20段

100cm　25模様

スレッドコード100cm　1本

〈編み図〉

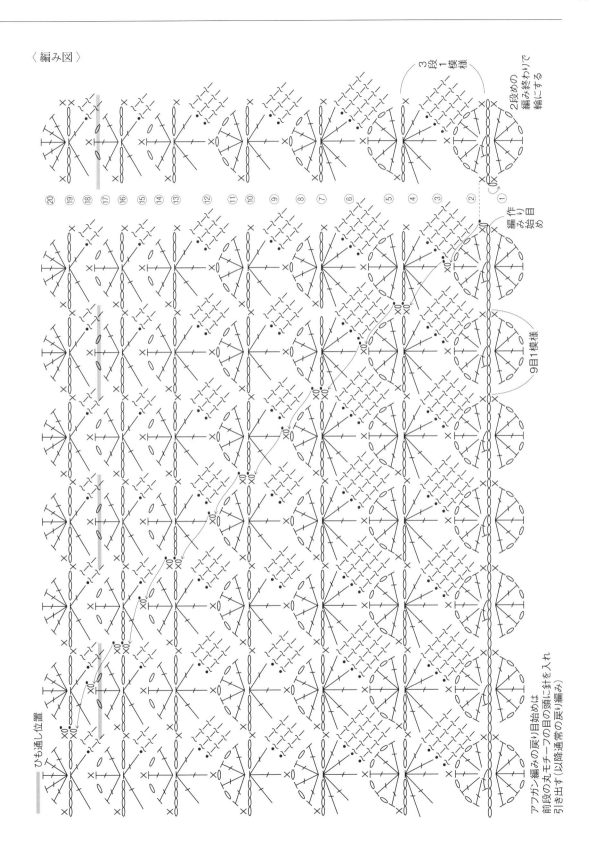

M / アフガンクロッシェのケープ
PHOTO ... P.22-23

〈使用糸〉
エブリディ #13 グリーン … 187g
エブリディ #20 ベージュ … 62g

〈使用針〉
かぎ針6/0号

〈編み方〉※首側から編む
1　鎖+長編みで作り目(16模様)2段めを編んだら輪にする。
2　色変えの際は、切らずに渡す。
　　3段めの編み終わりで、編み始めに引き抜いたら、1目めの
　　1模様めのアフガン編み4段めの頭にさらに引き抜いておく。
3　次の段の長編みで編み包む。
　　5段めからは2色ともに編み包む。
　　4段まで増減なし。
　　5段め・11段めで8模様ずつ増やし目(長編みのフラワー部分)。
　　6段め・12段めで8模様ずつ増やし目(アフガン編みのブロック部分)。
　　20段めまで増減なし。

〈寸法図〉

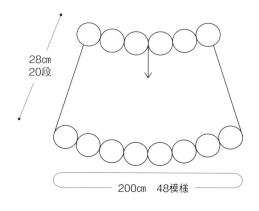

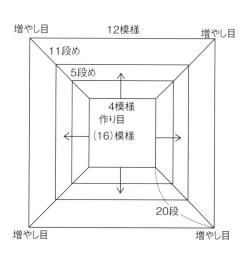

〈編み図〉

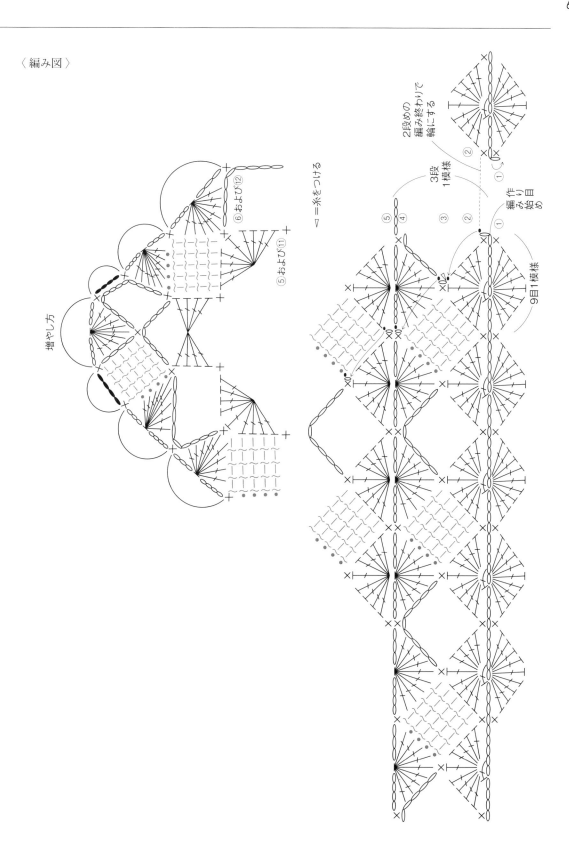

N / トーンオントーンのツールケース
PHOTO ... P.24

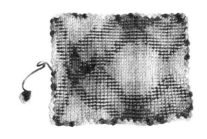

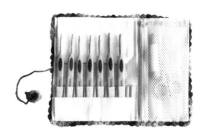

〈使用糸〉
コロポックルマルチカラー #107 … 38g
〈使用針〉
かぎ針4/0号
〈副資材〉
縫製済みかぎ針ケース KC-1 col.1 … 1個
〈でき上がり〉21×25cm

〈編み方〉※糸は1本取りで編む
1 段染めのカラーパターン7色を確認(A・B・C・D・E・D'・C'・B'・A')。
  Bから作り目の鎖編みを編み始め、B'まで編む。
  1段めの細編みをA'で編み始める。
  1模様(細編み+鎖編み)を4回同じ色で編む。
  2段めは、前段と模様が2目ずつずれるように編む。
  両脇で数を調整。
  3段め以降は、前々段と同じ色が1模様ずれるように74段まで編む。
  そのまま続けて玉編みの縁編みを1段編む。
  (玉編み1つで1色になるように。)
2 ひもを編む
  丸モチーフを編み、続けて鎖編みを25cm編み、指定の位置にとめる。
3 縫製済みのかぎ針ケースを編み地の裏面に縫いつける。

〈寸法図〉

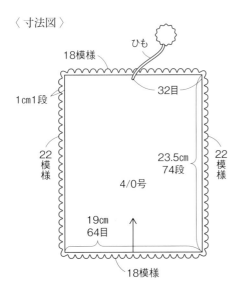

※段染め糸の編み方が難しいという方は、「手編みと手芸の情報サイト あむゆーず」(https://www.amuuse.jp/)にて、「ブランドプーリングがま口 H145-183-124」を参照するとよいでしょう。

〈編み図〉

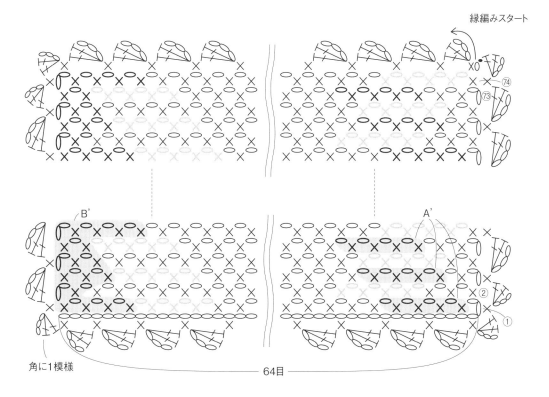

※細編み4目が同じ色になるよう、調整する

◎ ひもの編み方

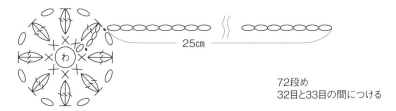

72段め
32目と33目の間につける

O / コットンプーリングのグラスケース
PHOTO ... P.25

〈使用糸〉
コットンプーリング #104 … 27g
〈使用針〉
かぎ針 4/0号
〈副資材〉
シェルボタン 18mm … 1個

〈編み方〉※糸は1本取りで編む
1 鎖編みの作り目(21目)から輪に本体を編む。
  19段まで編む。
2 続けてフラップを減らし目しながら編み、
  さらに続けて入れ口を縁編みする。
3 ボタンを残り糸でつける。

〈寸法図〉

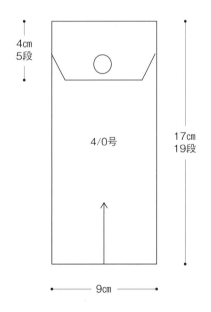

※段染め糸の編み方が難しいという方は、「手編みと手芸の情報サイト あむゆーず」(https://www.amuuse.jp/)にて、「編みつける口金のカラフル玉編みのがま口 AMU-629」を参照するとよいでしょう。

〈編み図〉

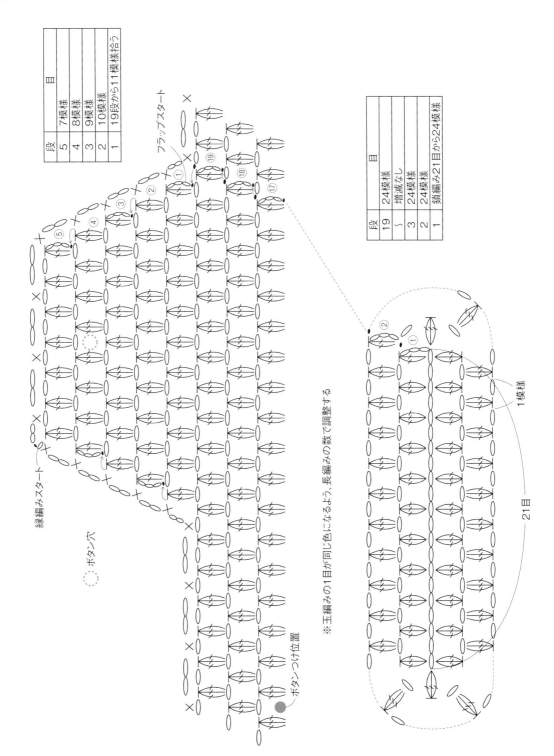

P ／ お花のコサージュ
PHOTO ... P.26

〈使用糸〉
ソフィア
#8 赤 … 3g ／ #20 黒 … 3g ／ #18 グレー … 1g
※単色の場合は7g
〈使用針〉
かぎ針6/0号
〈副資材〉
コサージュピン 3cm
〈でき上がり〉9 × 9cm

〈編み方〉
1 花を編む
　鎖編み30目の作り目から、15模様拾いながら1段めを編む。
　2段めを編み、糸を切る(黒)。3段め、途中色変えをしながら、
　1段めの鎖を拾って編む。色変えをしながら4段めを編む。
2 〈花の巻き方〉を参考に、1段めの方眼を軸にして
　筒状になるよう巻く。
　巻き終わったら、残しておいた糸端で
　いろいろな角度から糸を通し、縫いとめる。
3 コサージュピンをつける。

〈花の巻き方〉

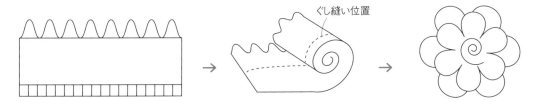

編み始めの糸端で
コサージュピンを
つける

〈編み図〉

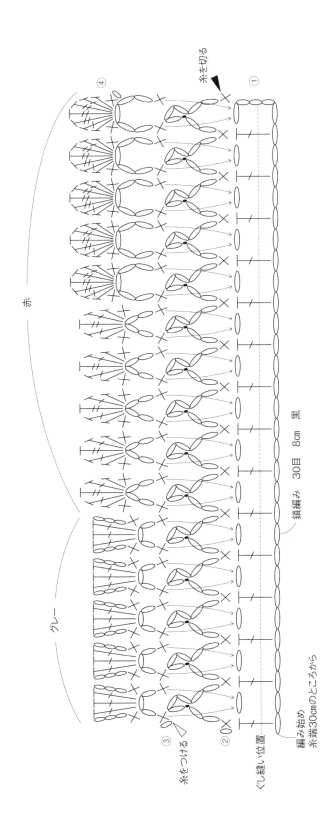

Q / 木の実のブローチ
PHOTO … P.27

〈使用糸〉
ロイヤルグランデはじめて
#306 ブルー … 5g
#305 グリーン … 5g
〈使用針〉
かぎ針3/0号
〈副資材〉
シャワーブローチヘアクリップつき 25mm … 1個
シャワーブローチ 34mm … 1個
〈でき上がり〉6×6cm

〈編み方〉
1 各パーツを編む
   実はわにする作り目、葉は鎖編みから編み始める。
2 仕上げる
   始めに3つの実をとじつけ、葉Aaとאbをつける。
   最後に葉Bをつけ、シャワー台に縫い糸でとめつける。
   ブローチ金具の爪を倒して仕上げる。

〈仕上げ方〉

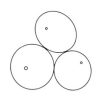
①実それぞれの残り糸で縫い合わせる

②それぞれの残り糸で編み終わりを3回巻きかがり①に縫いつける

③2枚ずつつなぎ合わせ、②に縫いつける

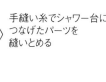
手縫い糸でシャワー台につなげたパーツを縫いとめる

〈編み図〉

◎木の実　3個

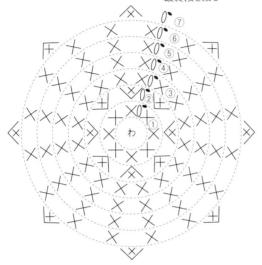

✖ =細編み2目編み入れる

✖ =細編み2目一度

段	目
7	8(−8)
6	16
5	16
4	16
3	16
2	16(+8)
1	わに細編み8目

◎葉 Aa・Ab　各1枚

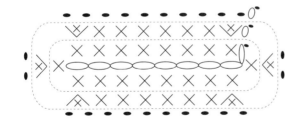

◎葉 B　4枚

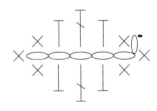

A_a

段	目
3	24引き抜き
2	24(+6)
1	鎖編み8目より18目拾う

A_b

段	目
3	32引き抜き
2	32(+6)
1	鎖編み12目より26目拾う

74

R／カラフルなラリエット
　　PHOTO ... P.28

S／パールのラリエット
　　PHOTO ... P.29

〈使用糸〉
R カラフル
エブリディカラフル #322・#313 … 23g
S パール
ロイヤルグランデ #202 … 15g

〈使用針〉
R カラフル　かぎ針6/0号
S パール　かぎ針3/0号

〈副資材〉
ウッドビーズ 8mm TOHO R8-1 … 10個
パールビーズ 丸8mm TOHO 白 #200 … 10個

〈でき上がり〉約230cm

〈編み方〉
1　ビーズを糸にとじ針で通す。
2　糸は1本取りで編む。
　　図を参考にビーズがなくなるまで10模様編む。

〈寸法図〉

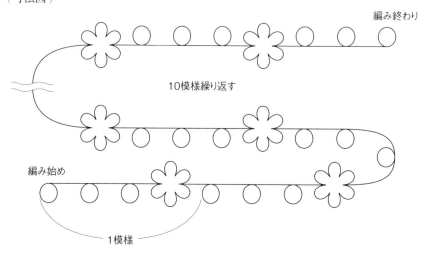

〈編み図〉

◎花モチーフの編み方

ビーズの裏の鎖編みの片側に①・②・③
もう片側に④・⑤・⑥を編む

◎ラリエット編み図

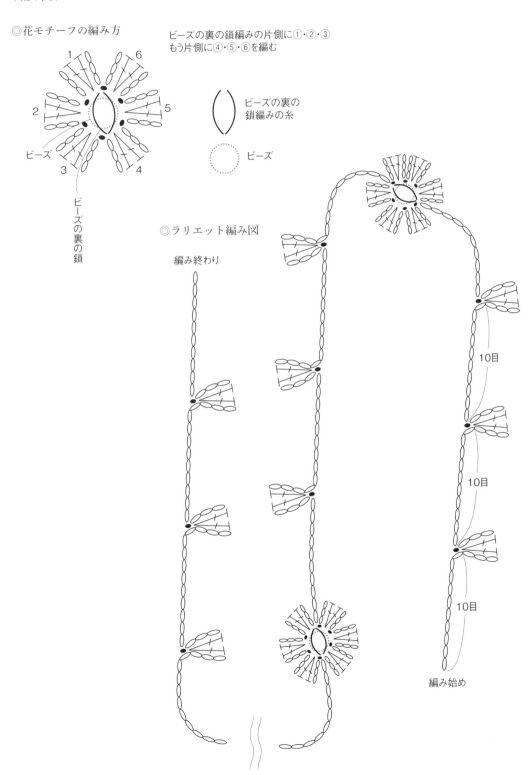

T / コットンプーリングの巾着
PHOTO ... P.30

〈使用糸〉
コットンプーリング #107・#108 … 25g
〈使用針〉
かぎ針4/0号
〈副資材〉
ループエンド 10mm … 各2個
〈でき上がり〉9×7cm

〈編み方〉※糸は1本取りで編む。
1 わにする作り目で図のとおり増やし目しながら11段まで編む。
2 12段めでひも通し口を編み、13段めで縁の飾り編みをする。
3 スレッドコード40cmを2本編み、通し口に通し、
　ループエンドを通してから両端をひと結びにして、
　結び目を隠す。

〈寸法図〉

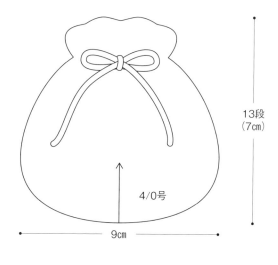

13段
(7cm)

4/0号

9cm

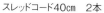

スレッドコード40cm　2本

〈編み図〉

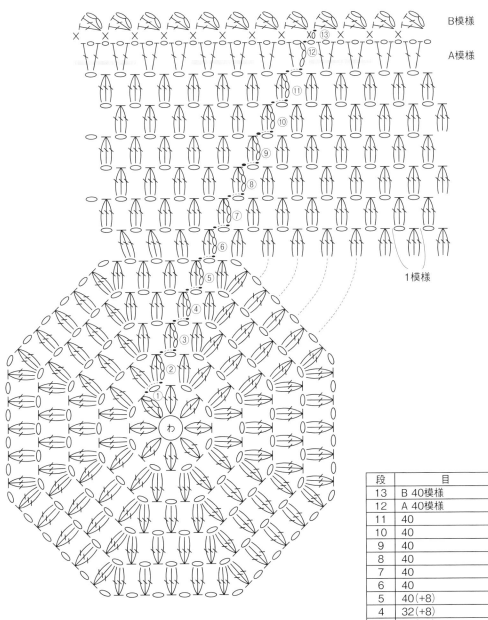

ひも通し位置

B模様
A模様

1模様

※玉編みの1目が同じ色になるよう、
　長編みの数で調整する。

段	目
13	B 40模様
12	A 40模様
11	40
10	40
9	40
8	40
7	40
6	40
5	40(+8)
4	32(+8)
3	24(+8)
2	16(+8)
1	わに8模様編み入れる

U／パーティーバッグ
PHOTO ... P.31

〈使用糸〉
アニマルファー #1 … 75g
〈使用針〉
かぎ針8/0号・手縫い針
その他の道具　目打ち・ペンチ
〈副資材〉
ボックス口金ポーチ　BOX1 … 1個（付属チェーン40cm）
布　表用24×16cm … 2枚・内用22×15cm … 2枚
合成ゴム用ボンド・手芸用ボンド
手縫い糸（細口）
〈でき上がり〉19×11cm

〈編み方〉※糸は1本取りで編む。
図の通りに鎖編み21目から編み始める。
15段まで増減なし。
〈仕上げ方〉
1　布を指定の大きさにカットしておく。
2　編み地を表用布表に縫い糸2本取りで縫いつける。
3　2つのボックスの表面に合成ゴム用ボンドを塗り、布を貼る。
　　はみ出している布を8mmに切りそろえる。
4　裏面にもボンドを塗り、内用の生地を貼る。
　　はみ出している布を5mmに切りそろえる。
5　あき防止用リボンを貼り、口金の溝に手芸用ボンドをつける。
6　布を貼ったボックスに口金をつける。
　　必要に応じて紙ひもを入れ込む。
7　ペンチで指定の位置をしめる。
　　※詳細は、口金ボックス封入の作り方説明書を参照ください。

〈寸法図〉

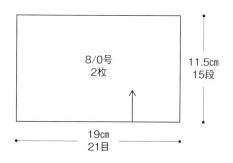

〈作り方〉

〈編み図〉

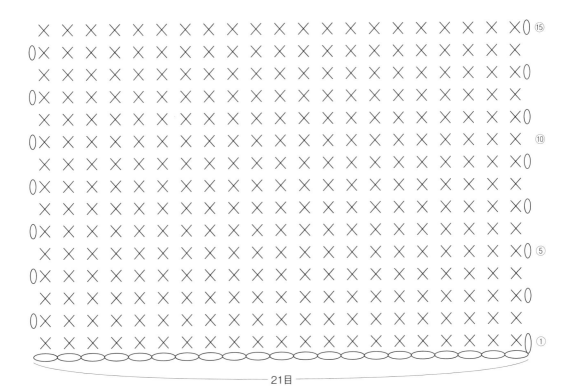

minao（横田美奈）

大人になっても持ち歩きたくなる大人かわいいニット小物や、手に取ったときに笑顔を誘うあみぐるみの提案をしています。2002年ハマナカあみぐるみコンテストにて優秀賞受賞をきっかけにさまざまな企画展に参加。2008年ニットユニットminamiwaを結成。各地でニットカフェを始め、2014年minamiwaニットカフェ普及協会を設立。あみぐるみ・ニット小物作家・教室講師・ニットイベントの企画運営をしています。あみぐる＊みなお主宰。
http://knit-minao.at.webry.info/

[この本でご協力いただいた会社]
内藤商事株式会社
・クラフト事業部
　〒124-0012　東京都葛飾区立石8-43-13
　TEL 03-5671-7110（代）　FAX 03-3694-7168
　http://www.naitoshoji.co.jp

ハマナカ株式会社
　〒616-8585
　京都府京都市右京区花園薮ノ下町2番地の3
　FAX 075-463-5159
　http://www.hamanaka.co.jp

[撮影協力]
◎ alacrity、a+koloni（ファラオ）
　www.pharaoh-alacrity.com
　〈alacrity〉 p.10 ブラウス
　〈a+koloni〉p.7 ワンピース／ p.14 ワンピース
　p.19 ブラウス、パンツ／ p.20 ワンピース／ p.23 ブラウス
◎ NIMAI NITAI
　http://nimai-nitai.jp
　p.16・17 ワンピース、パンツ／ p.26 シャツ、パンツ
　p.29 ワンピース、ブラウス
◎ MARMARI
　http://marmari.jp
　p.8 パンツ／ p.11 ワンピース／ p.31 ブラウス

製作協力	黒木瑞恵・時松晶子・長谷川由美子・山口美和
撮影	下村しのぶ
スタイリング	串尾広枝
モデル	エモン美由貴（ヴィズミックモデルエージェンシー株式会社）
ヘアメイク	梅沢優子
ブックデザイン	塙 美奈・清水真子（ME&MIRACO）
トレース	松尾容巳子（Mondo Yumico）
校閲	校正舎楷の木
編集	大野雅代（クリエイトONO）
進行	鏑木香緒里

かぎ針で編む
おとなのカーディガン、ボレロ、ジレ

2019年6月20日　初版第1刷発行

著者	横田美奈
発行者	穂谷竹俊
発行所	株式会社日東書院本社
	〒160-0022
	東京都新宿区新宿2丁目15番14号 辰巳ビル
	TEL 03-5360-7522（代表）　FAX 03-5360-8951（販売部）
	振替 00180-0-705733　URL http://www.TG-NET.co.jp
印刷	三共グラフィック株式会社
製本	株式会社セイコーバインダリー

本書の無断複写複製（コピー）は、著作権法上での例外を除き、著作権者、出版社の権利侵害となります。
乱丁・落丁はお取り替えいたします。小社販売部までご連絡ください。

©Mina Yokota 2019, Printed in Japan　ISBN 978-4-528-02244-7 C2077

[読者の皆様へ]
本書の内容に関するお問い合わせは、
FAX 03-5360-8047
メール info@TG-NET.co.jp にて承ります。
恐縮ですが、電話でのお問い合わせはご遠慮ください。
『かぎ針で編む
おとなのカーディガン、ボレロ、ジレ』編集部

※作品の複製・販売は禁止いたします。